AF614599

CONFÉRENCE

SUR LE JAPON

FAITE

A LA RÉUNION FRATERNELLE DES ANCIENS ÉLÈVES

DU

PETIT SÉMINAIRE D'AUTUN

PAR

M. COMPAGNON,

Missionnaire apostolique,

Directeur au Séminaire des Missions Étrangères

(communauté de Meudon).

AUTUN

IMPRIMERIE DEJUSSIEU PÈRE ET FILS

1890

R.F.

CONFÉRENCE

SUR LE JAPON

64149

MONSEIGNEUR,
VÉNÉRÉS PROFESSEURS,
MESSIEURS ET CHERS AMIS,

J'entends encore le dernier écho du verset inspiré, de ce cri de nos âmes heureuses et saintement émues : *Quam bonum et quam jucundum habitare fratres in unum.* Sous son impression mystérieuse, j'aimerais reprendre ma place au dernier rang, et laisser un de nos aînés nous rappeler les joies du vieux temps. Il nous parlerait de notre Séminaire, des beaux jours passés dans cet asile de la science, du bonheur et de la vraie sagesse. Ces champs témoins de nos jeux, ces grands arbres qui étendaient sur nos jeunes ans leurs ombres bienfaisantes, ces salles de travail embaumées des nobles exemples de tant de générations, cette chapelle bénie où les saints anges ont reçu nos prières, entendu nos premiers serments, qui nous les rendra ? Vous rappelez-vous ce beau vieillard, notre vénéré supérieur, pendant de longues années la gloire et la colonne du Séminaire, ce père chéri dont chacun de nous éprouva tant de fois les trésors de bonté, l'inépuisable tendresse ; mais je dois laisser ces souvenirs si tristes et si doux ! Vous me demandez de jeter mes regards vers un autre horizon, de prendre, d'ouvrir devant vous le grand livre du Japon.

Quelle page choisir? quel chapitre trouvera le plus d'écho dans vos âmes si bienveillantes pour cette terre de l'Orient, cette nation si digne d'intérêt, si avide de tout ce qui est beau, de tout ce qui est grand. Mille fois vous avez entendu l'éloge du peuple japonais. Vous connaissez sa vive intelligence, son ardent désir de courir à la suite des sociétés civilisées, sa passion pour la gloire, sa bravoure, sa soif de la sagesse et de la science. Ses qualités, ses défauts même, lui ont valu d'être appelé le Français de l'Orient; il en est fier, il nous aime et vous savez si nous le lui rendons.

Le gouvernement japonais est une monarchie héréditaire fondée au milieu du septième siècle avant Notre-Seigneur par l'empereur Jimmu Tenno[1]. « Ce conquérant, nous disent les vieilles chroniques, venait du sud. Suivi d'une petite flottille, il avait abordé sur les côtes orientales du Kiushiu. » Longtemps encore son origine véritable restera mystère pour l'historien. Peut-être faut-il le dire, dans un grand nombre de types japonais, en particulier dans la famille impériale, on retrouve les traits bien accentués du Malais et du Siamois. En quelques années, Jimmu Tenno se rend maître de presque tout le pays, ses successeurs en achèvent la conquête. Les aborigènes vaincus acceptent le joug ou se retirent vers le nord.

On croit retrouver leurs descendants dans les Aïnos du Yeso. Ils tendent à disparaître; il en reste à peine trente mille. Pendant douze siècles le Japon a vécu de sa vie propre. On y rencontre plusieurs usages semblables à ceux des Indiens. Les femmes et les serviteurs étaient immolés sur le tombeau du maître. Cette coutume barbare fut abolie au commencement de notre ère; mais pour en perpétuer le souvenir, longtemps encore on enterrait avec les morts des statuettes qui représentaient leurs épouses et d'autres victimes. Aux temples consacrés aux ancêtres, aux héros, étaient attachées des vestales condamnées à la virginité. Les sacrifices humains, de jeunes filles surtout, étaient assez fréquents. Le culte semble se restreindre à des hommages aux hommes célèbres. Les idées sur la divinité sont

1. Mot à mot : En ciel, ô Roi.

mal définies. L'éternité de la matière est admise comme un principe indiscutable. La vie des premiers empereurs est longue ; elle s'étend au-delà de deux cents ans, diminue de siècle en siècle jusqu'à notre époque.

Pendant que la France se formait sous les premiers Mérovingiens, la Chine envahissait le Japon, lui communiquait ses coutumes, sa civilisation, sa littérature, sa philosophie, sa religion. Le bouddhisme se greffait sur le culte national après une lutte longue et sanglante. La féodalité s'était puissamment organisée. Les princes fréquemment en guerre avec leurs voisins, vivaient trop souvent de pillage et de rapine. Parfois il nous semble trouver chez eux quelque image de notre antique chevalerie. Ils ont le courage, la fidélité, la bravoure, le mépris de la mort ; mais on ne voit pas sur leurs fronts cet idéal de beauté, de force et de douceur qui caractérisait le chevalier chrétien.

Celui-ci gagne les cœurs, il engendre le respect, l'enthousiasme, l'amour et la confiance; le chevalier païen a tout le hideux de la force brutale. Il terrifie; la pitié, la miséricorde pour lui sont faiblesse et lâcheté. Il y a vingt ans, cette féodalité si forte et si redoutable (l'émule de celle qui luttait contre le grand Richelieu), tomba sous un coup inopiné, imprévu. Les princes sont appelés à la capitale ; on demande leurs sceaux (au Japon, emblème du pouvoir), ils les livrent sans défiance. La féodalité avait existé, et le gouvernement servait à ces princes condamnés à rester à Tokio, une pension proportionnée à l'étendue de leurs fiefs. Un grand nombre, en quelques années, dépensent dans le désœuvrement et les plaisirs, leur indemnité pécuniaire. Ceux qui ont survécu à cet immense naufrage restent sans aucune influence. Les hommes qui dirigent le Japon sont presque tous des parvenus. Ils forment une nouvelle aristocratie avec nos titres nobiliaires de prince, duc, marquis, comte et vicomte.

L'empereur actuel, Mutsu-hito, descendant de Jimmu Tenno, gouverne depuis vingt-quatre ans. Au commencement de son règne, connu sous le nom d'Ère Meiji, fut renversé le Shogun, vrai maire du palais, qui, depuis plusieurs siècles, avait absorbé toute l'autorité. Jamais Japonais ne prononcera le nom de l'empereur ; il le désigne par les termes : Koteï-Tensheï-Heika[1].

1. Suprême seigneur, fils du ciel, majesté.

Les Européens le connaissent mieux sous le nom de Mikado. Autrefois on lui rendait les honneurs divins. Le pouvoir du souverain, absolu dans le principe, puis dirigé par un conseil de ministres, sera désormais tempéré par un Sénat et une Chambre de 300 députés nommés au suffrage restreint. L'électeur aura pour le moins 25 ans révolus et devra justifier d'un domicile d'une année dans le district électoral. Le candidat devra être inscrit sur la cote des contributions foncières d'une imposition annuelle de 45 yen (environ 200 francs), ou bien verser une somme de 15 yen (environ 60 francs), à titre d'impôts sur le revenu. Les princes du sang sont sénateurs par le droit de naissance ; les autres sont nommés par l'empereur et la nation.

Quel mouvement, quelle marche prendra le pays sous l'impulsion des Chambres ? Quel avenir l'attend ? C'est un mystère; la pensée se refuse à l'interroger. Vous voyez ces légions de jeunes Japonais formés dans les grands ateliers, les usines, les écoles, les universités de l'Europe et de l'Amérique. Ils ont vécu dix ans au milieu de nos vieilles sociétés ébranlées jusque dans leurs fondements, au milieu de flots entraînants, d'idées nouvelles, incohérentes, sombres, terribles, généreuses ou pleines de menaces. Ils brûlent de rentrer dans leur patrie et de jeter à pleines mains sur ce sol nouveau toutes les semences recueillies en passant dans les champs du vieux monde. Celui-ci est saisi d'enthousiasme pour la politique de l'Allemagne; il a adoré Bismarck, il brûle de l'encens devant son impérial élève. Celui-là rêve à Gambetta, à sa dictature, aux grands perturbateurs des empires. L'un admire l'autocratie russe, l'autre ne voit rien au-delà des parlements américains.

L'ambition, la passion de dominer, ont déjà créé de nombreux partis. On ne compte plus les théories nouvelles en politique, sur la religion, le droit, les arts, la morale et la philosophie. Déjà la lutte est commencée. Quels seront les résultats de cette mêlée d'hommes de toute arme et de toute opinion ? Le catholicisme seul peut équilibrer et harmoniser ces forces puissantes, les diriger en enchaînant les passions, l'égoïsme, en faisant fleurir l'humilité chrétienne, la charité, le véritable patriotisme.

La femme japonaise a déjà demandé sa place dans la société, la famille. Elle veut briser les chaînes que le paganisme a rivées à ses mains. Elle aspire à la liberté. Mais il lui faut un long temps encore pour prendre cette douce et fière autorité de la femme chrétienne. Dans toutes les sociétés élevées sur d'autres bases que la morale de Jésus-Christ, la femme est une esclave née, soumise à la passion de l'homme, à sa tyrannie : elle ne connaît pas un autre sort ; elle ne saurait le désirer. Dans la maison, pareille à un meuble, son maître l'achète, la revend, la change, la rejette au gré de ses caprices d'un jour. Depuis quelques années le Japon a travaillé avec une fiévreuse activité à l'éducation des jeunes filles. Des milliers d'écoles se sont élevées dans les villes et les campagnes : écoles primaires, secondaires, normales, supérieures, spéciales. Le courant européen gagne avec une extrême rapidité ; la Japonaise de tout âge s'est laissée atteindre. L'enfant des écoles maternelles trottine à la main de sa bonne, son alphabet sous le bras, et toute fière déjà de sa petite jupe à falbala. La normalienne de vingt ans, cachant son front sous la frange noire de ses cheveux, marche en se dodelinant sur les talons élevés de ses bottines dernier genre ; déjà ses traits réfléchissent l'air suffisant de nos jeunes lycéennes ; elle se pavane dans des atours d'outre-mer que sa petite taille et son pied rentré rendent parfois grotesques. Pour l'instruire on a choisi l'Américaine, la femme la plus incapable de la connaître, d'élever, de diriger ses facultés intellectuelles et morales. Non, il ne suffit point à la Japonaise de connaître la gymnastique, la danse, le chinois, l'anglais, l'algèbre et la géométrie. Hier, elle était encore esclave, pleine de réserve et de timidité. Aujourd'hui sa maîtresse, sans se demander s'il sied bien à sa taille, a jeté sur ses épaules le manteau de la liberté ; elle le portera, la pauvrette, dans les sentiers de l'orgueil, de la vanité et de la licence. C'est une enfant jouant avec une épée, avec une coupe pleine de poison.

La femme au Japon est, par sa nature, bonne, simple, craintive et sans défense. Le christianisme vrai, seul, peut l'élever à la hauteur de ses devoirs, lui apprendre à user de ses droits, la mûrir pour l'indépendance, à la lumière de la foi, à l'ombre de la chasteté et de l'humilité. Le protestantisme, l'esprit du siècle, se sont crus plus sages, plus habiles. Sans retard ils ont arraché la mère de famille à son ménage, l'ont armée d'un livre anglais, dépouillée de son habit national, chargée d'une tournure et

2

d'un grand chapeau, livrée au bras d'un Européen pour lui enseigner la danse.

Sortant de sa retraite où elle a grandi, il faut qu'elle se montre aux soirées, pérore et affecte les allures indépendantes d'une jeune Yankee en attendant que le ridicule fasse justice d'elle et des théories de ses maîtres imprudents et inexpérimentés.

Un seul trait caractérisera la rapide évolution opérée dans la Japonaise. L'année dernière, à Kioto, ville de 260,000 âmes, ancienne capitale de l'empire, la femme d'un jeune avocat, ne s'appuyant que sur elle-même, résolut d'attaquer le divorce, de le poursuivre, de forcer ses concitoyens à le bannir de la société. Elle commence son œuvre, elle s'entoure de personnes prêtes à la lutte, parcourt la ville une liste à la main, demande des signatures, loue une grande salle de théâtre, annonce une conférence. La nouveauté du spectacle, la curiosité, assemblent plus de 2,000 personnes de tout rang et de tout sexe. Assistée de quelques jeunes filles elle monte à la tribune; pendant près de deux heures, au milieu du silence troublé maintes fois par les applaudissements ou les sarcasmes, les quolibets et les cris, elle développe sa thèse, défend la famille, accuse l'homme, relève la femme, maudit le divorce, proscrit la polygamie et livre le libertinage à la honte publique.

La campagne devait se poursuivre; dans les villes et les provinces voisines on veut entendre la conférencière; partout on l'invite et partout elle recueille nombre d'associés. Connaissant la doctrine du catholicisme sur le mariage, un jour, pour le besoin de sa cause, elle s'adresse à ma catéchiste et me demande une entrevue. Plusieurs fois elle revient, je ne pouvais que lui donner de nouveaux arguments pour sa thèse, l'encourager, tout en réservant pour plus tard mes appréciations sur son mode d'apostolat. A sa dernière visite, elle a manifesté le désir d'étudier notre sainte religion; j'étais rappelé en France, je ne sais si elle a eu le bonheur de comprendre la vérité.

Le cadre de cette conférence est trop limité pour pouvoir vous exposer les progrès des sciences, des arts et de l'industrie au Japon; partout nous rencontrons des palais scolaires, des collèges, des universités, établis sur les derniers modèles de l'Europe. Partout des écoles spéciales libres, écoles d'anglais, écoles de commerce, cours de langues vivantes, cours de sciences mathématiques, cours de morale, de littérature et d'éloquence, exercices oratoires.

Le Japonais est vraiment passionné pour la science et la civilisation. Malgré son patriotisme, son respect profond pour ses ancêtres, il a abandonné mille usages de son pays. Il veut compter parmi les grandes nations, les prendre pour modèles. Il s'habille à l'européenne. Le riche a son salon meublé, décoré suivant le *chic* parisien. Le télégraphe, les chemins de fer, les bateaux à vapeur comme de puissants ressorts portent partout le mouvement et le progrès. La marine, l'armée bientôt ne craindront plus d'être comparées à celles de l'Europe. Elles le doivent aux Français. Pendant quinze ans, nos officiers, avec un vrai dévouement, ont travaillé à la formation de l'armée de terre. Mais, hélas ! le grand chancelier a su habilement profiter de l'état de faiblesse de notre pays, pour la faire incliner vers l'Allemagne ; notre mission militaire a dû rentrer en France.

Le soldat japonais est excellent : il a de bons officiers ; il faut quelques années encore pour mûrir les colonels et les généraux. Un de nos premiers ingénieurs organise le matériel de la marine, la défense des côtes, construit des vaisseaux de guerre.

La magistrature fonctionne comme en France. Le code Napoléon est suivi avec quelques modifications exigées par les usages, les coutumes et les circonstances. Mais qui refusera d'en convenir ? le disciple de Jésus-Christ, le païen fût-il civilisé, n'ont pas les mêmes idées du juste et de l'injuste. Notre code est malgré tout appuyé sur des idées chrétiennes. Le juge japonais pourra connaître le texte de la loi ; s'il n'est chrétien lui-même, l'esprit en sera pour lui un mystère.

Le barreau a besoin de se dégager de ses langes, de se laver de l'accusation de défendre le pour et le contre au plus offrant. La médecine a des représentants illustres formés dans les universités allemandes ; l'éloquence, la littérature et la philosophie s'exercent sur des modèles, reçoivent une nourriture étrangère en attendant que les chaudes effluves d'un soleil d'été fortifient leurs ailes, les invitent à prendre un libre essor sous un ciel inexploré.

Vous admirez, chers amis, avec quelle rapidité, peut-être

parfois imprudente, le Japonais s'assimile ce que l'Europe a découvert après des siècles de travail. Pour nous, chrétiens, le Japon a des titres plus glorieux encore : ce sont les flots de sang versés pour le nom de Jésus, ces légions de martyrs, ces armées de héros qui ont porté si haut le drapeau sacré de la sainte Église.

Pendant trois siècles, les malheureux chrétiens, poursuivis comme des bêtes fauves, errant dans les îles désertes, échoués sur quelques rochers de l'Océan, cachés au fond de vallées solitaires, fuyaient la hache du bourreau et la fureur des bonzes. Quelques-uns échappaient aux recherches, ils vivaient, mais toujours dans les transes de l'agonie, toujours aux prises avec la pauvreté, la misère, les craintes, les terreurs et la faim.

Maintes fois, leurs cruels ennemis, pour mieux les découvrir, publiaient d'hypocrites édits de paix. Trop confiants, les chrétiens se montraient-ils au jour, partout des sicaires aux aguets, se jetaient sur ces innocentes victimes, et l'Église comptait des légions de nouveaux martyrs. En vain, ils s'environnent de toutes les ressources de la prudence, chaque année décime leurs rangs. Pour se mettre à l'abri d'une trahison même involontaire, ils n'instruisent leurs enfants qu'à quinze ans. Le catéchiste alors leur donne rendez-vous dans les antres des montagnes, sur les bords de la mer. Cachés derrière une roche, loin de toute habitation, au milieu des ténèbres, il enseigne à ces adolescents les mystères de la foi, le chemin qui conduit au glorieux baptême du sang. Avec quelle fidélité, ils observent, ces malheureux chrétiens, les lois de leur mère l'Église ! Ils n'oublient rien des sacrés enseignements qu'ils ont reçus.

J'ai connu un beau vieillard. Sa vie s'était passée au milieu de la persécution ; il avait compté les prisons de sa province ; toutes l'avaient eu sous leurs verrous. Son jeune fils avait, par mégarde, un vendredi de carême, mangé quelques œufs. Le père inconsolable, le condamne à s'en abstenir pendant trois ans, et lui-même pour obtenir grâce pour son fils, chaque jour, offre à Dieu de longues prières.

Le Japon avait conservé les jeûnes et les abstinences du seizième siècle ; il avait conservé son catéchisme, précieux héritage des derniers missionnaires, un grand nombre de prières en latin. Les chrétiens connaissaient le *Pater*, l'*Ave*, le

Credo, le *Magnificat*. Les psaumes de la Pénitence leur étaient familiers. Ils gardaient le souvenir des principales fêtes de l'année. Au jour de Noël, il se passait une scène dont le récit m'a toujours profondément ému. Les hommes valides, les vieillards brisés par les ans et les coups des bourreaux, appuyés sur le bras de leurs enfants, gravissaient la montagne voisine, et là, prosternés en terre, les yeux pleins de larmes, la face tournée vers Rome, élevant leurs mains vers le ciel, ils conjuraient le Seigneur de leur envoyer des missionnaires, des successeurs de saint François-Xavier.

Dieu a entendu leurs cris et leurs prières ; le sang des martyrs devait germer de nouveau. Vous connaissez trop, chers amis, la découverte des anciens chrétiens pour m'arrêter à ce sujet. Parmi vous un grand nombre ont baisé la main du saint évêque, illustre enfant de l'Église d'Autun, choisi de Dieu pour montrer au monde catholique étonné ces glorieux débris des chrétientés japonaises. Dans les montagnes d'Israël, Dieu s'était conservé 5,000 adorateurs fidèles. Les îles du Japon ont également su dérober au glaive du persécuteur des milliers de nobles proscrits. De nouveau le soleil de la liberté se lève à l'horizon, de nouveau le vrai Dieu aura ses temples et ses autels, de nouveau ces peuples si longtemps captifs pourront chanter et glorifier son nom. Aux pieds des martyrs triomphants le bourreau laissera tomber sa hache et sa lance, il baisera leurs plaies, se relèvera chrétien.

Voilà, chers amis, ce Japon, pays si plein d'espérances et si digne de nos regards ; bientôt sur cette terre bénie, l'Église ne pourra plus compter le nombre de ses enfants. Il y a un quart de siècle, les chrétiens vivaient cachés et inconnus les uns aux autres ; deux ou trois missionnaires, — sentinelles avancées, — priaient et attendaient dans les larmes. Aujourd'hui trois évêques, quatre-vingts missionnaires, remuent ce sol trop longtemps en repos ; déjà 50,000 fidèles, première gerbe d'une moisson jaunissante, sont la récompense de leurs travaux. Je ne compte point 70 à 80,000 séparés, descendants d'anciens chrétiens pratiquant leur religion dans le silence de la famille, récitant leurs prières en secret, mais refusant encore de s'unir à nous.

Les raisons vraies de ce retard, Dieu les connait, mais il me semble, nous devons mettre en première ligne l'état d'appauvrissement et de sujétion à quelques riches païens de chaque village. Au siècle dernier la persécution n'a pas eu de relâche. Mille fois les mêmes familles ont été décimées, proscrites; leurs biens confisqués. Après plusieurs années d'exil, parfois au prix d'un signe d'apostasie, à la faveur d'un prince plus tolérant, quelques membres revenaient au pays de leurs ancêtres. Le foyer, le coin de terre longtemps cultivé par leurs pères, étaient aux mains d'un voisin enrichi, jeune parvenu, fier des ces nouvelles propriétés. La faim, l'inévitable faim, restait seule aux chrétiens. Il fallait créer quelques ressources, essayer un petit négoce, chercher des expédients. Il fallait frapper à la porte de ce païen pour demander une avance de quelques sapèques. La dette souvent loin de diminuer augmentait chaque jour, et bientôt toute une famille, tout un village insolvable se trouvait sous la main puissante et impitoyable d'un nouveau maitre, d'un nouveau persécuteur. Voudraient-ils, ces pauvres malheureux, venir à nous, aussitôt ils éprouveraient la haine antichrétienne de leurs créanciers sans merci. Ne soyez pas étonnés de cette timidité excessive; chaque jour dans notre vieille France si catholique, où la liberté est tant chantée, n'avons-nous pas le triste exemple de chrétiens trahissant leur foi sous la menace d'une puissance dont l'ambition et la haine de Jésus-Christ tiennent lieu de justice et de loi. Nos malheureux, craintifs et tremblants, reculent devant ce nouveau martyre. Infortunés, retirés dans les iles, dans les campagnes, loin des grands centres de la civilisation, ils n'ont point confiance encore à l'attitude libérale du gouvernement; ils redoutent un changement; ils soupçonnent peut-être une embûche. Les bonzes, d'ailleurs, n'épargnent rien pour nourrir cette terreur chimérique. Ils exploitent avec audace leur ignorance et leur timidité. Il y a à peine deux ans, un village de deux à trois cents maisons avait appelé le missionnaire; tous les habitants se préparaient au baptême. L'alarme est donnée, le bonze accourt, il travaille, parcourt le village, se présente partout, fait placarder des affiches calomnieuses : « Malheur à vous! Malheur à vous! qui fréquentez l'Européen. L'ignorez-vous? Par des moyens magiques il arrache pour en faire des charmes le foie à tous ceux qu'il baptise. Vous n'éviterez point la mort. En trois ans pas une de ses victimes n'échappera..... » La panique s'empare de ces pauvres gens, ils s'enferment chez eux, ils tremblent d'effroi au seul nom du missionnaire. Ce fait, chers amis, ne vous paraîtra pas trop étrange pour un hameau perdu dans les montagnes du Japon. Au pays des lumières, en France, à quelques lieues de nous, n'avez-vous pas vu, Monseigneur, avec une poignante tristesse et une déchirante surprise, des faits bien analogues ? Malgré toutes ces difficultés, au moment de la mort, un bon nombre de ces séparés demandent à rendre le dernier soupir sur le sein de l'Église et reçoivent le baptême au moins sous condition.

Depuis que les missionnaires ont pu parcourir le Japon, grâce à la liberté donnée par le gouvernement, le catholicisme a fait d'immenses progrès. Le nombre des baptêmes ne répondra sans doute jamais aux désirs des apôtres ; mais leurs sermons, leurs livres, leur vie conforme à leur doctrine, leur bienveillance, leur attachement au peuple japonais, ont renversé bien des obstacles, détruit beaucoup de préjugés. Le Japon, comme société, a fait un pas de géant vers l'Évangile. Les idées chrétiennes grandissent, les coutumes, les usages purement païens disparaissent de jour en jour. Ah ! si nos vieilles sociétés européennes n'avaient pas oublié leur mission civilisatrice ; si elles ne s'étaient pas coalisées contre Dieu et son Christ, si la foi de nos ancêtres vivaient encore en France, demain le Japon serait catholique ! Mais, hélas ! bien souvent les obstacles surgissent là d'où nous serions en droit d'attendre des secours ! L'esprit du mal, comme une araignée immonde, file toujours ses réseaux perfides pour dérober à ce peuple les horizons des bienfaits du Seigneur. Nous n'avons plus le Japon vierge de saint François-Xavier; nous n'avons plus ces hommes religieux et croyants. La civilisation les a dotés de ses gloires, mais avec elle, hélas ! sont accourues toutes les erreurs, tous les doutes, tous ces vieux ennemis, qui tant de fois vaincus renaîtront jusqu'aux derniers jours. Le matérialisme, le rationalisme, le positivisme, nos livres à la mode, ceux de la sceptique Allemagne, de l'Angleterre, de l'Amérique, inondent le Japon. On s'est hâté de traduire les ouvrages des Rousseau, des Spencer, des Darwin, des philosophes romanciers de nos jours. Le Japonais s'est précipité sur cette nourriture nouvelle et malsaine; il croit y trouver le breuvage de l'immortalité, une nouvelle boite de Pandore, d'où sortiront tous les biens. Pour lui ces livres sont le dernier effort du genre humain, avec eux il voit s'ouvrir la voie des honneurs, de la richesse et de la gloire. Il n'en retire, le malheureux, qu'ün abîme de doute, les vieilles objections du paganisme et de l'athéisme ressassées, mises au goût du temps, sous un flot de littérature enivrante, brillante et perfide.

Vous parlerai-je du protestantisme? Le Japon s'est ouvert. L'Amérique et ses sociétés bibliques étaient là. Ses missionnaires ? Vite ils furent prêts. Le bagage théologique du ministre protestant ne demande pas un long travail; sa formation spirituelle est plus rapide encore. Donnez des piastres, une bible et une femme, et vous avez un pasteur. La vocation ? Elle existe toujours. Aujourd'hui, plusieurs centaines se partagent le Japon. Ils sont bien payés, logés dans des palais construits aux frais de la société ; ils vivent pour la plupart bien plus heureux, plus considérés que dans leur pays. Au milieu de quelques hommes sérieux et de bonne foi, vous trouvez des cordonniers sans travail, des matelots fatigués du bord, des aubergistes ruinés, des cultivateurs en rupture de ban. Ils sont venus suivis de leurs femmes et de leurs nombreuses familles. Les dollars de l'Amérique leur promettaient, sur un sol privilégié, sous un climat tempéré, en faisant un métier honnête, une vie tranquille et douce. Voulez-vous, chers amis, connaitre le puissant mobile d'un si beau zèle? Le plus petit ministre reçoit environ 400 fr. par mois, sa femme 200, et chaque enfant 40. Inutile de vous dire qu'ils ont d'autres moyens pour arrondir ce traitement. Les Japonais veulent à toute force connaître l'anglais. On l'enseigne jusqu'aux écoles des plus petites villes, jusque dans les villages mêmes. Sans cette langue, bientôt il sera impossible d'obtenir la moindre place dans le gouvernement. Le ministre protestant est prêt, il donnera des leçons particulières grassement rétribuées; il se fera louer par un collège, un lycée, il recevra 4 à 500 francs par mois. Sa femme, de son côté, travaille auprès des personnes de son sexe avec le même zèle, le même dévouement, la même abnégation. De temps en temps, il fera sa tournée apostolique. Tous les journaux devront le savoir; il prêchera ou fera prêcher dans les salles de théâtre ou de déclamation. Un seul sermon lui coûtera 20 et 30 francs de frais; peu lui importe : la société paie, elle paiera avec la même largesse la note du voyage. Aussi, je ne crois pas qu'un ministre se soit jamais trouvé réduit à la portion congrue. Et ses auxiliaires ? Il reçoit pour eux un traitement qui porte envie à plus d'un jeune étudiant, sans place et sans le sou. Ils sont nombreux, ceux qui s'engageront à prendre la bible sous le bras, à courir les villes et les villages, à pérorer devant un auditoire plus ou moins convaincu. La conversion a été facile pour de tels catéchistes, ou du moins le surnaturel y trouve souvent fort peu de place. Il me le semble d'ailleurs, on peut être en même temps bouddhiste et protestant. Vous connaissez leurs sermons; leur dogmatique se résume à la foi en un seul Dieu, leur morale à l'honnêteté naturelle. Pour convaincre leurs auditeurs, ils disposent de moyens qu'ils n'ont pas sans doute trouvés dans la bible. Ils attirent les jeunes gens, les jeunes filles, les employés du gouvernement en leur enseignant l'anglais; les enfants, par des gâteaux, les bonnes, par du linge distribué avant le prêche. Ils achètent quelques ouvrages intéressants composés de plusieurs volumes; ils donnent le premier ce soir, demain le deuxième, à huit jours le troisième. L'auditeur voudrait recevoir l'ouvrage complet; s'il a dix volumes, dix fois il faudra aller au sermon. Le ministre aura le temps de le convertir, ou du moins de l'enchaîner par la reconnaissance, et l'éloigner de nous. Le thème favori du protestant, celui sur lequel il ne tarit jamais, c'est la calomnie contre le catholicisme et la France : car pour lui, catholique, Français, missionnaire, sont des termes synonymes. Que de fois, après avoir défendu l'Église contre ses attaques, il m'a fallu laver la France des mensonges semés contre elle. Dans tous ces livres, dans ces misérables pamphlets dont il inonde le pays, il unit dans sa haine Rome et notre patrie.

Je me rappelle un grand sermon donné par nos ennemis dans une salle de théâtre à Matsu-Yama. Pendant trois heures, les orateurs ont essayé de prouver à leur très nombreux auditoire qu'ils doivent embrasser le protestantisme, car seul il a su donner le véritable essort à la science, aux arts, à la littérature, au commerce et à l'industrie. Les nations où il règne sont florissantes. Celles qui demeurent catholiques, la France en particulier, est restée loin du mouvement et du progrès. « Comptez, disent-ils, les savants produits par la France, vous en trouvez à peine quelques-uns et souvent encore ceux-là étaient protestants. Voyez au contraire l'Allemagne, l'Amérique et l'Angleterre avec leurs légions de héros, de philosophes et de célèbres inventeurs ! » Ce sermon produisit une impression si fâcheuse contre le catholicisme et la France, que le lendemain je jugeais nécessaire de reprendre leurs assertions et de faire une classe d'histoire au lieu de prouver à mes auditeurs la divinité de Jésus-Christ.

La langue japonaise offre-t-elle de grands obstacles à la prédication, me demanderez-vous ? Les difficultés sont nombreuses. Vous connaissez l'ancienne Grèce avec ses dialectes multiples : l'ionien, l'attique, le dorique, l'éolien. Le Japon a les siens, mais chaque année les règles de la grammaire se fixent ; les jeunes universités travaillent ; l'académie élabore ses plans ; le dialecte usité à la capitale, épuré par le goût, tend à devenir la langue littéraire, le véritable idiome de ce vieil empire du soleil levant. Vous parlerai-je de l'origine des différentes phases de cette belle langue ; ce serait entreprendre une œuvre bien au-dessus de mes forces, mettre votre patience et votre bienveillance même à une dure épreuve. Cependant pardonnez-moi quelques mots.

S'il faut en croire l'opinion généralement admise, le Japon, dans le principe, ne possédait ni littérature écrite, ni caractères, il les emprunta à la Chine ; suivant l'histoire nationale, son premier maître de chinois fut un certain Atagi, fils du roi de Corée, envoyé en ambassade à la cour de l'empereur Ojin, vers l'an 286 après Notre-Seigneur. Il y séjourna à peine une année ; mais sur son conseil il fut remplacé par Wouani, dont la nationalité n'est pas certaine. Les autorités les plus compétentes le regardent comme Coréen, d'autres comme un Chinois de la province du Fokien. De ce jour les classiques chinois, la littérature du céleste Empire dans toutes ces branches, devinrent graduellement l'étude des hautes classes. Des nobles, prêtres, militaires, médecins, elle s'étendit plus ou moins parmi les castes des marchands, des artisans et même des laboureurs. L'instruction consistait à apprendre la lecture et l'écriture du Chinois. Ce fut la cause la plus influente entre toutes, qui dirigea et développa la civilisation d'un peuple particulièrement impressionnable, curieux et prêt à imiter, à adopter tout ce qui pouvait le conduire à son propre agrandissement. Pendant de longs siècles la Chine fut le mentor du Japon. L'agriculture, les arts, la religion, la philosophie, la médecine, la morale du fils du Ciel furent acceptés au-delà de l'Océan, comme le dernier mot de la science et de la sagesse.

Le langage écrit de la Chine, sans toucher à la construction grammaticale du Japonais, a été pour lui un vrai trésor où il a puisé, s'enrichissant de mots pour toutes les branches scientifiques. Peut-être le grand avantage d'avoir des matériaux sous la main pour former de nouvelles combinaisons ne fut jamais plus apparent qu'à notre époque où l'étude des connaissances occidentales, des institutions de nos antiques sociétés chrétiennes, a nécessité une nomenclature neuve et nombreuse. Les caractères idéographiques chinois ont abondamment fourni à ce besoin.

Vers l'an 770 avant Jésus-Christ, un officier de la cour impériale du nom de Kibi-Daishi chercha à simplifier l'écriture; il inventa le kana. Ces nouveaux symboles sont des extraits des caractères chinois, des membres arrachés de leurs corps, des branches détachées du tronc. Ils forment un véritable alphabet deux fois plus étendu que le nôtre. Il a ses voyelles indépendantes; mais les consonnes telles que nous les entendons n'existent pas; elles restent inséparables de leurs voyelles. Il existe encore un autre genre de caractères appelés Hira-Kana. Ils diffèrent des premiers comme notre écriture diffère des imprimés. Très peu de livres sont écrits en Kana simple, un plus grand nombre en Hira-Kana. Généralement les livres de haute littérature n'admettent que le chinois, beaucoup d'ouvrages sont composés en caractères chinois mélangés du Kana dans une proportion très large. Les particules unitives, les signes qui donnent aux mots leur rôle dans la phrase, la construction grammaticale sont purement japonais.

Le chinois pur n'a jamais été en usage parmi le peuple; mais dans les classes élevées, les mots dérivés de cette langue abondent, et d'après une fausse affectation de science, on donne la préférence au synonyme chinois. Le paysan est donc sourd au langage du lettré. Les lettrés eux-mêmes, s'ils ne sont d'égale force, ne se comprennent point; ils saisissent un mot, le suivant n'est qu'un son pour l'oreille mystifiée, et la phrase restant incomplète, l'auditeur devra deviner le sens. Telle est la cause des véritables difficultés de la langue japonaise.

Le missionnaire doit être compris de tous, il doit comprendre tout le monde. Emploiera-t-il le langage du lettré, le peuple n'y entendra rien; parlera-t-il la langue du peuple, le lettré la méprise, il étendra son mépris du missionnaire à la doctrine. Suivant l'auditoire, il faudra réellement changer d'idiome, il faudra connaître le japonais et le chinois et les mélanger aux goûts des auditeurs.

Et le bouddhisme? le missionnaire le rencontre à chaque pas. Nouveau Goliath, il insulte au peuple d'Israël. Sa taille, ce sont ces multitudes innombrables qui ont arboré son drapeau; sa lourde et puissante épée, c'est son habileté à se greffer sur les coutumes, les usages, les cultes les plus disparates, sans leur demander aucun sacrifice. Nos savants orientalistes ont étudié le bouddhisme sous toutes ses faces, disent-ils, le rationaliste et l'athée ont poussé des cris de triomphe. Comparant le système de Shaka à la religion du Christ n'ont-ils pas voulu donner la palme au fils de Maya? Pleins de mépris pour notre divin Sauveur, ils n'ont pas assez d'éloges pour cet Indien dont le langage respire tout l'orgueil, toute la vanité des vulgaires philosophes. Cessez d'étudier le bouddhisme dans les livres seuls! S'il est fécond, et il doit l'être, voyez ses œuvres, voyez les peuples qu'il retient captifs au milieu de toutes les ignorances. Le bouddhisme vrai, c'est le fétichisme le plus grossier, le sensualisme le plus révoltant, et non ce culte symbolique et spiritualiste rêvé par nos philosophes modernes qui, en haine de la vérité, cherchent à réhabiliter toutes les erreurs.

Une religion, si elle est vraie, doit enseigner un dogme, imposer une morale; ses fidèles doivent la connaître; ses ministres l'exposer aux grands et aux petits, la défendre même au prix de leur sang. Demandez au bouddhiste quelle est sa foi, il ne vous comprend pas. Jamais son esprit n'a soupçonné semblable question. Combien de commandements? plusieurs milliers. Les connais-tu? Moi? Non; le bonze les connaît : allez au bonze, interrogez-le; bientôt vous serez convaincu de sa profonde ignorance. Il vous renverra à son maître. Votre nouvelle démarche sera couronnée du même succès. Adorer le renard, rendre un culte idolâtrique aux ancêtres, frapper les mains au lever du soleil, présenter des offrandes aux dieux lares, aux génies des montagnes, à toute la nature, aux passions divinisées : voilà le bouddhisme ; telle est la religion pratique de ses adeptes ; il faudrait prendre la lanterne de Diogène si l'on voulait chercher un homme devenu humble et chaste aux lumières des doctrines de Shaka. Le bouddhisme porte sur son front le cachet de toute philosophie païenne ; elle dégrade et avilit l'homme qui l'accepte, elle le brise sous le joug de l'esclavage ; cet homme est-il un maître, un prétendu sage, l'indépendance absolue de son esprit, l'idolâtrie de ses systèmes, de ses propres idées, la répugnance profonde, invincible contre toute autorité qui veut imposer le joug de son enseignement, en font un bourreau de l'humanité et souvent un monstrueux assemblage de tous les vices.

Pour le Japon, la première phase du bouddhisme est terminée, nous entrons dans la seconde. Nous allons nous trouver en présence d'un paganisme rationaliste, indépendant. Pour mieux se défendre il n'hésitera pas à prendre au christianisme les vérités premières plus ou moins oubliées au cours des siècles. Il revêtira l'habit du berger. Le bouddhisme japonais actuel se transforme, ses docteurs, sans le savoir, marchent sur les traces de Plotin et de Jamblique. Ceux-ci voulaient teindre de christianisme le culte de l'ancienne Grèce, ils espéraient ainsi le sauver du naufrage. Ceux-là déjà admettent un seul Dieu, les bonzes parlent du Créateur dans leurs sermons. L'idée d'un être infini et cause de toutes choses a fait d'immenses progrès. La morale chrétienne, ses principes, renversent sensiblement l'édifice *incohérent* du paganisme. Nos dogmes ne sont plus inconnus. Nos institutions, nos usages, le bouddhisme travaille pour se les assimiler. Il y a à peine deux ans il a créé un épiscopat, il a donné au titulaire le même nom que nous avons choisi pour nos évêques. Il lui manquait de véritables séminaires, il n'avait pas d'universités proprement dites, le christianisme était là, il fallait lutter contre lui ; ce sont ses propres armes que le bouddhisme demandera. Les hôpitaux, les associations charitables, les hospices, il voudra tout imiter. Mais, chers amis, nous pourrions redire le mot de notre vieil Ésope : Οἵα κεφαλὴ καὶ εγκέφαλον οὐκ ἔχει. Oui, rendons grâces à Dieu, le bouddhisme perd chaque jour une goutte de sang, il se débat dans les convulsions de l'agonie, mais il peut mourir en laissant survivre beaucoup de bouddhistes.

Dans les campagnes, les sentiments religieux sont vifs encore, souvent j'ai été témoin de la ferveur de pauvres égarés. J'étais à Kioto, la Méako de saint François-Xavier, la Rome du bouddhisme, toutes les sectes y sont représentées : là s'élèvent des milliers de temples et de pagodes; chaque jour, de tous côtés, y affluent des pèlerins en grand nombre. Il me semble voir encore ces bandes de vigoureux paysans, une sorte de chapelet au cou, le bâton à la main, leur petit bagage sur l'épaule, parcourir les rues de la ville, gravir la montagne, s'arrêter et prier à tous les sanctuaires, frapper des mains, offrir quelques sapèques, jeter quelques grains de riz, faire brûler un peu d'encens devant ces muettes idoles. Que de fois mon cœur s'est serré, que de fois vainement j'ai essayé de refouler mes larmes! J'ai vu mille fois de pauvres vieilles, appuyées sur leurs bambous, marchant péniblement, haletantes, toutes courbées, elles en étaient à leur dixième, à leur quinzième journée de voyage, elles venaient malgré leurs ans; leur seul rêve était de fouler le sol de la ville sainte et de mourir. Dans une autre circonstance, j'ai rappelé ce fait : un pèlerin visitait un temple; saisi d'enthousiasme, il offre, il jette toute sa bourse, sans penser au lendemain, sans songer au retour; quelques heures s'écoulent, la faim, la cruelle faim se fait sentir, le harcèle; vaincu, il vole quelque argent pour acheter du riz; pris et interrogé par la police, il raconte son histoire, on le relâche par pitié.

J'ai vu des processions païennes, j'ai vu plus de cinquante mille assistants suivre de longues heures les chars des dieux traînés par des centaines de bras. Cette pompe, chers amis, aurait pu impressionner péniblement la foi de plus d'un chrétien. A ceux-là, j'aurais montré les courtisanes et les danseuses siégeant aux premiers rangs dans ces cérémonies, montées sur les chars sacrés, étalant leurs grâces corruptrices. Il n'y a que le mensonge et l'erreur pour honorer le crime et diviniser les brutales passions. Malheureusement le païen, le savant même ne comprend pas encore cette vérité. D'ailleurs ces fêtes brillantes du paganisme, les gracieuses images de sa mythologie enchanteresse, la commode licence de sa morale, la séduction de ses arts et de ses plaisirs, l'arrête au sentier de l'erreur. A tout cela le christianisme oppose les pompes de la douleur, de graves et lugubres cérémonies, les pleurs de la pénitence, de terribles menaces, de redoutables mystères, une morale aussi sainte en elle-même qu'effrayante pour la nature. Voilà bien des obstacles aux conversions ; on reproche encore aujourd'hui aux chrétiens d'être pauvres, les gens sans lettres, les méprisés de ce monde, les hommes sans fortune; tels sont, nous disent les païens, ceux qui embrassent notre doctrine. Ah ! ils n'ont pas encore compris le : *Pauperes evangelizantur*. Si le christianisme est la seule et vraie religion, pourquoi tous les savants ne l'embrassent-il pas ? Pauvres aveugles, ils ne savent pas que la science orgueilleuse a plus enfanté de ténèbres que l'ignorance elle-même.

Pour triompher de tant d'obstacles, pour évangéliser le Japon, le missionnaire catholique est à peu près dénué de tous les secours humains. Les âmes dévouées aux missions se tournent peu vers ce pays : il se civilise, nous n'avons plus à raconter d'émouvants récits de martyrs. On entend parler de chemins de fer, de télégraphes, du développement des arts et des sciences. D'ailleurs le Japon est si loin de l'Europe ! les voix ne peuvent pas être entendues. Si la civilisation, comme la comprend le monde, donne au missionnaire une liberté relative, elle sème sous ses pas mille difficultés inconnues aux pays moins avancés. Elle lui demande chaque jour un excès de travail pour soutenir la terrible et ardente concurrence de l'erreur. Il faudrait pouvoir suivre le Japon dans son rapide développement, dans son évolution vertigineuse, saisir aujourd'hui cette société neuve encore, demain ce sera trop tard. D'autres nations, dans vingt ans, n'auront pas changé; on pourrait les retrouver. Il n'en est pas ainsi du Japon. Une année de retard est une perte immense, peut-être irréparable. Dans une mission nouvelle où il faut en même temps élever des églises, construire des écoles, des orphelinats, établir des chrétientés, créer des catéchuménats ; le missionnaire a son viatique, c'est-à-dire 600 francs par an ; il le doit à l'œuvre de la Propagation de la foi. Avec cette somme il faudra vivre, s'entretenir, louer une maison, voyager, installer sa petite chapelle. Quelques ressources reçues directement de son évêque lui permettront d'avoir un catéchiste. L'homme le plus courageux, si la faim le presse, reste sans forces et incapable d'action ; de même souvent le manque de ressources paralyse le zèle du missionnaire. Lorsqu'il se voit seul à lutter contre dix ou quinze ministres protestants, seul avec sa pauvreté et son impuissance contre tant de moyens humains, n'a-t-il pas besoin de jeter un regard sur son divin Maître ?

Faut-il ajouter un mot sur le mode d'évangélisation généralement adopté au Japon. Le missionnaire part avec sa valise d'osier: elle contient quelques livres, quelque linge, une pierre sacrée, les ornements de la messe. Il ira seul ou accompagné de son catéchiste, selon ses ressources; arrivé au village, à la ville où il veut prêcher, il avise une auberge, s'asseoit sur la natte; avant de penser à la fatigue il sonde ses hôteliers; paraissent-ils bienveillants ? Il les interroge sur leurs compatriotes, se fait connaître : pourrait-il trouver une maison à louer et donner quelques instructions publiques ? Parfois il rencontre de braves gens qui se dévouent et lui offrent leurs services. Mais un grand nombre de propriétaires trop païens encore ou trop timides devant leurs parents, leurs amis, refusent de prêter un local pour un sermon dont le but est de détrôner leurs dieux, renverser leurs idoles.

Une maison est-elle trouvée ? Le missionnaire se fait annoncer par la ville. Le soir il se rend au lieu de la conférence et attend ses auditeurs. Ils arrivent, leurs travaux terminés. Les uns s'approchent, les autres restent sur la route, stationnent dans la cour; ceux-ci s'asseoient et continuent à parler affaires et commerce; ceux-là, comme de grands enfants un peu timides, se tiennent debout et regardent en curieux. L'instruction commence à huit heures, se termine à dix. Si le catéchiste est là, il parle tour à tour avec le missionnaire. La réunion est parfois orageuse. Les bonzes et les protestants font tapage, des païens crient et injurient, souvent des auditeurs posent des objections. Après dix heures, quelques personnes restent pour demander des explications sur la doctrine exposée, ou par simple curiosité. Ils veulent voir de plus près l'Européen et causer avec lui. Quand tous se retirent, il est bien tard; le prédicateur est bien fatigué : si son poste central est à deux ou trois lieues seulement, pour éviter les dépenses d'hôtel, il s'en retourne au milieu de la nuit; s'il est trop loin, la même natte qui lui a tenu lieu de chaire lui servira de lit. Le lendemain, de grand matin, il se lève avant toute la maison pour éviter les indiscrétions des païens. Il improvise son autel, et seul dans sa chambre ou assisté de son catéchiste, séparé des autres voyageurs par un écran, par un châssis de papier, il célèbre le saint sacrifice de la messe. Dans la journée il instruit les catéchumènes, donne au catéchiste des canevas de sermons, lui explique les objections de la veille, reçoit et fait des visites, partout cherche des âmes de bonne volonté. Le soir, il reprend ses instructions publiques.

De temps à autre il faut rentrer au poste principal pour prendre un peu de repos, voir un confrère, administrer les chrétiens. Les forces revenues, c'est une autre partie de son district, une autre ville qui l'attire et l'appelle. S'il limite parfois ses voyages, ses courses et ses sermons, il faut en accuser plus sa pauvreté que son désir et son zèle. Les premiers fruits, les résultats les plus immédiats de toutes ses conférences, c'est d'avoir en quelques années *christianisé* la société païenne ; elles l'ont rapprochée de l'Évangile, éloignée des idoles ; elles préparent pour l'avenir des conversions complètes et nombreuses.

Que de fois, le soir, harrassé, épuisé, debout sur la natte, debout devant un auditoire de païens, chez qui je cherchais le chemin des âmes ! Que de fois, en voyant mes efforts impuissants à triompher de leurs cœurs endurcis, j'ai refoulé sous mes paupières des larmes brûlantes et incomprises ! Je pensais à vous, chrétiens, mes frères. J'aurais voulu montrer aux yeux de votre foi le spectacle déchirant de toutes ces âmes errantes, en lutte avec elles-mêmes. Satan sera-t-il vainqueur ? La grâce saura-t-elle triompher ? Une prière encore dans la balance, un sacrifice à offrir pour la rançon de ce païen, et l'ennemi battra en retraite, honteux et humilié. A vous, chrétiens, le rôle de Moïse sur la montagne. Le missionnaire, c'est Josué dans la plaine ; vainement il appelle à son secours le courage, la tactique d'un chef d'armée, si vous laissez tomber vos mains fatiguées et appesanties, le soldat d'Israël n'aura plus qu'à se retirer devant l'ennemi, impuissant et vaincu. Si je parle encore du Japon, je vous entends me répondre : il y a d'autres terres aimées des missionnaires, chères aux âmes catholiques ; il y a le sol brûlant de l'Afrique, les rives des grands lacs, les forêts vierges, les montagnes du Thibet, les îles de l'Océan, les champs ensanglantés de l'Annam, dont le ciel, toujours chargé d'orages, annonce de [illegible]s. Les jeunes missionnaires, à son nom, fré[illegible]ce et brûlent de voler au combat, pour triompher en mourant et cueillir la palme du martyre : toutes ces terres ont aussi leurs églises glorieuses et bénies du ciel.........

Oui, chers amis, il y a d'autres belles missions bien dignes d'attirer nos regards, mais le Japon est à nous, son Église est la fille de l'Église d'Autun; à nous de l'aimer par-dessus tout, à nous de l'exalter, à nous de la défendre, à nous de travailler à son extension. Les liens qui nous unissent à elle sont indissolubles et sacrés.

APPENDICE

La bénédiction de l'église de Nagasaki eut lieu le 19 février 1865; il s'y passa un événement bien simple en apparence, mais qui cependant fut le commencement d'une ère nouvelle pour la mission du Japon. C'était la résurrection de l'antique Église si glorieuse jadis que l'on avait crue noyée dans le sang de ses martyrs et à jamais ensevelie sous les ruines d'une persécution de trois siècles.

Il faut écouter celui qui fut plus tard Mgr Petitjean, raconter lui-même la scène dont il avait été le témoin prédestiné :

« Cher monsieur le supérieur, écrivait-il de Nagasaki, le 13 mars 1865, à M. Girard, provicaire apostolique, à Yokohama. Que votre cœur se réjouisse ; nous avons tout près d'ici de nombreux descendants des anciens chrétiens, qui ont, je crois, conservé bien des souvenirs de notre sainte foi. Laissez-moi vous raconter en peu de mots la scène émouvante dont j'ai été témoin, et qui me fait porter ce jugement :

» Hier, vers midi et demi, un groupe de douze à quinze personnes, hommes, femmes et enfants, étaient à la porte de notre église avec des allures qui dénotaient autre chose que la pure curiosité. La porte de l'église était fermée; je m'empressai de l'ouvrir; et à mesure que j'avançais vers le sanctuaire, j'étais suivi de ces visiteurs; j'appelais de tout mon cœur sur eux les bénédictions du divin Maître que, depuis un mois, nous conservons sous les espèces eucharistiques dans le saint Tabernacle.

» Agenouillé en présence du bon Sauveur, je l'adorais et le conjurais de mettre sur mes lèvres des paroles propres à toucher les cœurs et à lui gagner des adorateurs parmi ceux qui m'entouraient. A peine avais-je prié un instant, qu'une femme de quarante à cinquante ans vint tout près de moi et me dit, la main sur la poitrine :

» — Notre cœur, à nous tous qui sommes ici, est le même que le vôtre.

» — Vraiment, répondis-je; mais d'où êtes-vous donc ?

» — Nous sommes tous d'*Ourakami*[1]. A *Ourakami*, presque tous ont le même cœur que nous.

» Puis aussitôt cette même personne me demande :

» — *Santa Maria no go-zô wa doko?* (Où est l'image de sainte Marie ?)

» A ce nom béni de *Santa Maria*, je n'ai plus de doute, je suis sûrement en présence des enfants des anciens chrétiens du Japon, et je rends grâces à Dieu de cette consolation. Entouré de ce cher peuple, je le conduis à l'autel de Notre-Dame, où se trouve la statue que vous avez eu la bonté de nous apporter de France.

» A mon exemple tous s'agenouillent et essaient de prier; mais la joie les emporte, et tous de dire à la vue de la statue de Notre-Dame :

» — Oui, c'est bien *Santa Maria*, voyez sur son bras : *On ko Jesous sama* (son auguste fils Jésus).

» Et, sans plus tarder, une des personnes présentes me dit :

» — Nous faisons la fête de la naissance de *on araudji Jesous sama*, le vingt-cinquième jour du *Shimo-ts'ki*[2]. On nous a ensei-

1. Vallée située près *Nagasaki*, et où se trouvent de nombreux chrétiens répandus dans plusieurs hameaux.

2. Onzième mois — selon l'ancien calendrier japonais — *décembre*.

gné qu'en ce jour, vers le minuit, il est né dans une étable, puis qu'il a grandi dans la pauvreté et la souffrance, et qu'à trente-trois ans, pour le salut de nos âmes, il est mort sur la croix. En ce moment nous sommes au temps de *la tristesse* (*Kanasbimi sets'*). Avez-vous aussi ces fêtes ?

» — Oui, répondis-je, nous sommes aujourd'hui au dix-septième jour du *Kanasbimi sets'*.

» J'avais compris que, par ces mots, ils voulaient parler du carême.

» Pendant que ces bons visiteurs admirent la statue de la Vierge ou me font des questions, d'autres Japonais entrent à l'église : aussitôt ceux qui m'entouraient se dispersent en tous sens ; mais presque immédiatement ils reviennent en disant :

» Nous n'avons rien à craindre de ceux-là, ils sont des nôtres, ils ont le même cœur que nous.

» Je n'ai pas pu parler avec nos visiteurs comme je l'aurais voulu, empêché que j'ai été par le va-et-vient de toutes sortes de personnes qui circulaient dans l'église. Il a été cependant convenu avec nos chrétiens d'*Ourakami* (j'aime à leur donner dès aujourd'hui ce nom), qu'ils reviendront nous voir. Qu'ont-ils conservé ? nous le verrons peu à peu. Ils vénèrent la Croix, aiment la très sainte Vierge, récitent des prières, mais lesquelles, je l'ignore [1]. A bientôt d'autres détails. »

1. Dans des entrevues subséquentes, MM. Petitjean et Laucaigne purent rétablir, d'après les souvenirs des chrétiens d'*Ourakami*, le texte de plusieurs prières, par exemple le *Pater*, l'*Ave*, le *Confiteor*, l'acte de contrition, etc.

Autun. — Imp. Dejussieu.

141

www.ingramcontent.com/pod-product-compliance
Ingram Content Group UK Ltd.
Pitfield, Milton Keynes, MK11 3LW, UK
UKHW021929190726
13853UKWH00002B/930